BEI GRIN MACHT SICH IHR WISSEN BEZAHLT

- Wir veröffentlichen Ihre Hausarbeit, Bachelor- und Masterarbeit

- Ihr eigenes eBook und Buch - weltweit in allen wichtigen Shops

- Verdienen Sie an jedem Verkauf

Jetzt bei www.GRIN.com hochladen und kostenlos publizieren

Bibliografische Information der Deutschen Nationalbibliothek:

Die Deutsche Bibliothek verzeichnet diese Publikation in der Deutschen National-
bibliografie; detaillierte bibliografische Daten sind im Internet über http://dnb.d-
nb.de/ abrufbar.

Impressum:

Copyright © 2013 GRIN Verlag, Open Publishing GmbH
Druck und Bindung: Books on Demand GmbH, Norderstedt Germany
ISBN: 978-3-656-62152-2

Dieses Buch bei GRIN:

http://www.grin.com/de/e-book/270634/kubanische-sportler-erfolg-durch-staatliche-
foerderung-doping-oder-genetische

Max Waier

Kubanische Sportler. Erfolg durch staatliche Förderung, Doping oder genetische Vorteile

GRIN Verlag

Kubanische Sportler – Erfolg durch staatliche Förderung, Doping oder genetische Vorteile?

1. Einleitung in das Thema der Facharbeit

Die folgende Facharbeit soll die Frage klären, warum der kubanische Sport international so erfolgreich geworden ist.

Es ist immer wieder erstaunlich zu sehen, dass karibische Inseln wie Jamaica und Kuba bestimmte Sportarten komplett dominieren, obwohl sie verglichen mit Deutschland dreieinhalb Mal kleiner sind, nur ein Achtel der Einwohnerzahl haben und zu den Entwicklungsländern zählen. Die finanziellen Mittel müssten daher viel geringer sein und trotzdem sind Kuba und Jamaica im ewigen Medaillenspiegel der Olympischen Spiele in den Sportarten Leichtathletik und Boxen an der Weltspitze.

Deshalb untersucht die folgende Facharbeit am Beispiel Kubas die Aspekte sportliche Entwicklung des Landes, Doping und genetische Vorteile der Sportler auf die Frage hin, ob diese für den sportlichen Erfolg mit verantwortlich gemacht werden können.

Im ersten Teil der Facharbeit geht es um die Entwicklung des kubanischen Sportes durch die kubanische Revolution und, ob die dadurch entstandenen Veränderungen als Begründung für den sportlichen Erfolg herangezogen werden können.

Im weiteren Verlauf wird geklärt, ob die Verabreichung illegaler, leistungssteigernder Substanzen mit dazu beigetragen haben könnte, dass Kuba von Jahr zu Jahr besser bei olympischen Spielen und anderen Wettbewerben abschneidet. Die Materialbeschaffung für die Bearbeitung dieses Aspektes gestaltete sich am schwersten, da das Thema Doping allgemein ein „totgeschwiegenes" Thema ist und das einzige Anti-Doping Labor Kubas vom Staat finanziert wird. Man sollte die Ergebnisse daher äußerst kritisch hinterfragen, da der Staat sicherlich ein Interesse und die Möglichkeit hat, um „geschönte" Daten zu veröffentlichen.

Der letzte Teil dieser Facharbeit beschäftigt sich mit den genetischen Vorteilen, die kubanische gegenüber europäischen Sportlern haben. Des Weiteren wird in diesem Abschnitt erklärt, weshalb sich einige Sportarten trotz größter Bemühungen des Staates nicht durchsetzen konnten.

2. Sportarten auf Kuba

Auf Kuba gibt es eine breite Spanne an Sportarten, die sich hinsichtlich des Leistungssportniveaus stark unterscheiden. Diese Unterschiede kommen dadurch zustande, dass einige Disziplinen lediglich als Freizeitsport verstanden und dementsprechend auch nicht staatlich gefördert werden, um sich ausreichend zu entwickeln. In einigen Sportarten liegen die Leistungsunterschiede auch daran, dass sie erst seit kurzem auf der Insel ausgeübt werden und noch in der Entwicklungsphase stecken.[1]

Wohingegen früher vor allem nur die beiden Sportarten Baseball und Boxen auf Kuba populär und international erfolgreich waren, hat sich die Bandbreite der Sportarten stark vergrößert. Sowohl Volleyball, Handball, Taekwondo und Radrennen, als auch Leichtathletik, Fechten, Judo, Ringen und Kanusport werden seither immer populärer.[2]

Einzelne Sportarten wie Schwimmen hingegen, können sich trotz größter Bemühungen und Förderungen durch die Institution INDER (Instituto Nacional de Deporte, Educación Física y Recreación) nicht der Leistungsentwicklung anpassen, um bei internationalen Vergleichen antreten zu können.[1]

2.1. Situation vor der Kubanischen Revolution

Schon vor der Revolution galt Kuba als eines der lateinamerikanischen Länder, das ihr Bildungssystem besonders auf den Sportunterricht richtete. Vor 1840 war die Sportbegeisterung des heutigen Kubas jedoch bei der Bevölkerung noch nicht angekommen.
Erst, als im Jahr 1839 das erste Sportstudio in Havanna gegründet wurde, begann langsam die kubanische Sportbewegung, sodass in den folgenden Jahren weitere Sporteinrichtungen errichtet wurden.[2]
„Schätzungen gehen davon aus, dass vor der Revolution überhaupt nur 15.000 Personen regelmäßig Sport trieben."[3]
In dieser Zeit halfen vor allem die jungen Universitätsstudenten Sport und Bewegung auf Kuba populärer zu machen, indem sie den Baseball aus Nordamerika importierten. Auch europäische Strömungen machten Sportarten wie Gymnastik und Fechten bekannter. Gymnastik wurde seit Ende des 19. Jahrhunderts als Pflichtfach in den

---

1 Vgl. W.Krämer-Mandeau: Sport und Körpererziehung auf Cuba, Köln 1988, S.246
2 Vgl. http://de.wikipedia.org/wiki/Sport_in_Kuba, 17.09.2013
3 W.Krämer-Mandeau: Sport und Körpererziehung auf Cuba, Köln 1988, S.42 unten

Mittelschulen eingeführt. Zu Beginn des neuen Jahrhunderts wurde Sportunterricht dann auch in allen öffentlichen, städtischen und ländlichen Schulen zum Pflichtfach.

1935 wurde die Nationale Kommission für Sport geschaffen, die jedoch nichts an der mangelhaften Ausbildung der Lehrer, sowie der fehlenden materiellen Ausrüstung änderte, sondern lediglich die Qualität des Sportunterrichts überprüfte.[4]

Zudem gab es schon damals korrupte Strukturen innerhalb des Sports, die eine Entwicklung des Sports verhinderten, da die Präsidentenstühle der Sportverbände fast ausschließlich von Personen besetzt waren, die die Diktatur repräsentierten.

„Fast ausschließlich besetzten die Diktatur repräsentierende Personen die Präsidentenstühle der Sportverbände und vertraten Kuba in internationalen Gremien"

Im Allgemeinen war der Sportunterricht vor der Revolution besonders durch das Fehlen eines funktionierenden landesweiten Systems der Kontrolle und Förderung auf allen Schulniveaus gekennzeichnet.[4]

Es lässt sich also festhalten, dass der Sport auf Kuba vor der Revolution durch die fehlende Kontrolle und Förderung, sowie durch korrupte Sportverbände gekennzeichnet war und sich deshalb kaum weiterentwickeln konnte.

Damit sich Kuba zu einer recht erfolgreichen Sportnation entwickeln konnte, der man sogar eine „Sonderstellung (…) im lateinamerikanischen Sport"[5] zuspricht, musste sich einiges ändern.

Zum einen mussten kompetente Sportlehrkräfte ausgebildet werden, damit die Qualität des Sportunterrichtes gesteigert wird. Zum anderen mussten die strukturellen Probleme im Sport verbessert werden, damit die staatlichen Gelder nicht bei den korrupten Präsidenten der Sportverbände, sondern künftig zum Ausbau des Trainingsangebotes und zum Bau neuer Trainingsanlagen genutzt werden konnte. Des Weiteren musste die Sportbewegung weiter vorangetrieben werden, um mehr Menschen zu erreichen und motivieren Sport zu treiben.

Der nun folgende Textabschnitt befasst sich mit der angestrebten Verbesserung dieser Defizite nach der Kubanischen Revolution.

---

[4] Vgl. http://de.wikipedia.org/wiki/Sport_in_Kuba, 17.09.2013
[5] Horlemann Verlag: Sport und Spiele, Lateinamerika. Analysen und Berichte Band 19, S.197 f.

2.2. Situation nach der Revolution

Nach dem Ende der Kubanischen Revolution im Jahr 1959 kann man die Entwicklung des Leistungssports auf Kuba in vier wichtige Etappen einteilen:

Zunächst lag die Priorität nicht beim Sport, sondern bei den durch die Revolution aufgekommen politischen und ökonomischen Problemen. Erst als diese politischen Veränderungen vollzogen waren und man durch die vielen in die USA auswandernden Sportlehrer gezwungen war die Situation zu verbessern, versuchte man die bereits erwähnten strukturellen Probleme im Sport zu verbessern. [6] Diese erste Phase begann 1961 mit der Gründung der INDER (dt. Nationales Institut für Körperkultur, Sport und Erholung) und dauerte 5 Jahre. Das Institut plant internationale Sportereignisse und Sportveranstaltungen auf der gesamten Insel. Diese Gründung zog positive Veränderungen bei der Organisation, sowie bei den Aufgaben und Zielsetzungen des Leistungssports nach sich. Damit wurde die Basis des kubanischen Leistungssports geschaffen. [7]

Die vorher existente Basis bezog sich hauptsächlich auf die Entwicklung einiger Sportarten, die wie Baseball oder Boxen, besonders auf den Profisport oder bestimmte soziale Schichten ausgelegt waren. Eine neue Aufgabe stellte sich darin, die Zahl der betriebenen Sportarten zu erhöhen. [8]

In dieser 1. Phase wurden auch die immer stärker geforderten nationalen Trainerschulen (1961) und die Sporthochschulen (1964) gegründet, in denen man die ersten Dozenten für Leistungssport ausbildete. 1962 beteiligte sich Kuba zum ersten Mal nach dem Ende der Revolution an Mittelamerikanischen und Karibischen Spielen. Mit den dort erzielten Ergebnissen war man zwar nicht zufrieden, aber sie förderten den Ehrgeiz der kubanischen Sportler. Bereits 4 Jahre später gelang es den kubanischen Sportlern durch diesen Ehrgeiz von allen mittelamerikanischen und karibischen Ländern den zweiten Platz in der Länderwertung einzunehmen. [8]

In der anschließenden, zweiten Phase schlossen 1968 die ersten Sportlehrer ihr Studium ab und es wurde auf eine langfristige Entwicklung der Leistungssportler hingearbeitet. Bei den Panamerikanischen Spielen 1971 konnte man durch das neue Modell erste sportliche Erfolge erzielen. Zur gleichen Zeit begann Kuba mit der Vergabe von

---

[6] Vgl. W.Krämer-Mandeau: Sport und Körpererziehung auf Cuba, Köln 1988, S.43
[7] Vgl. Isassi Aranda, Alejanrdo [nationaler Direktor für Leistungssport in Kuba, INDER], Interview, 3.3.1986

Sportlizenzen, die bis heute unter anderem die Freistellung der Sportler von der Arbeit regelt, damit sie sich vor Wettkämpfen auf das Training konzentrieren können. Dieses System wurde bereits in der DDR genutzt, um die Sportler zu fördern. Das Gehalt der Sportler wird zu den Trainingszeiten weiterhin ausgezahlt, sodass sich die Sportler um den Sport kümmern müssen.[9]

Dieses System erhöht jedoch auch den Druck des Staates auf die Sportler, da von ihnen eine Gegenleistung erwartet wird. Bringt ein Sportler seine Leistung bei Wettkämpfen nicht, greift er möglicherweise zu illegalen Dopingmethoden.

In der dritten Phase setzte sich die Aufwärtsbewegung weiter fort. In vielen Bereichen gab es qualitative Verbesserungen. 1975 trieben beispielsweise erstmalig 3 Mio. Einwohner regelmäßig Sport, im Boxsport wurden eigene Techniken entwickelt, im INDER errichtete man für Weiterentwicklung der Trainingsmethoden eine technisch-methodische Abteilung und zwischen 1971 und 1974 richtete man auf Kuba in fünf verschiedenen Sportarten eine Weltmeisterschaft aus.[9]

In den Jahren 1971 – 1976 verbreitete sich die Sportbegeisterung auf Kuba auch aufgrund erster internationaler Erfolge schlagartig.

In der vierten Phase, die 1976 beginnt, regionalisierte man die Arbeit der INDER: „die nun für kleinere Provinzen zuständigen Büros erlaubten eine effektivere und gezieltere Tätigkeit."[8]

Zusammenfassend erkennt man, dass sich Kuba in den Jahren nach der Revolution sehr verändert hat und aus sportlicher Sicht nicht mehr das gleiche unterentwickelte Land wie zuvor war. Die Grundlagen der Sporterziehung wurden komplett neu entwickelt. Im Schulsport konnte man nach dem Ende der Revolution schnell Fortschritte erzielen, da man sich erreichbare Ziele setzte und die wenig vorhandenen Mittel so einsetzte, dass immer mehr Schüler am Sportunterricht teilnehmen konnten. Als Resultat der Bemühungen nutzt heute ein großer Teil der Bevölkerung die gebotenen Möglichkeiten und treibt Sport.

---

[8] W.Krämer-Mandeau: Sport und Körpererziehung auf Cuba, S.56

2.3. Staatliche Förderungen des Sportes

In Kuba erkannte man schon 1959, dass die Förderung des Schulsportes mehr als nur die sportliche Leistungsfähigkeit steigern würde. Die Investitionen in den Sport sollten nicht nur künftig die Gesundheitskosten verringern, sondern durch seine pädagogische Funktion einen Teil der Erziehung übernehmen.

Die folgende Grafik zeigt die Anzahlen der Sporteinrichtungen verschiedener Sportarten auf Kuba im Jahr 1978. Es ist zu erkennen, dass die Ballsportarten den größten Zuwachs hatten. Mehr als 70% der 6574 Sportanlagen waren Base-, Basket- und Volleyballanlagen. Der größte Teil des Budgets wurde bisher nur für diese drei

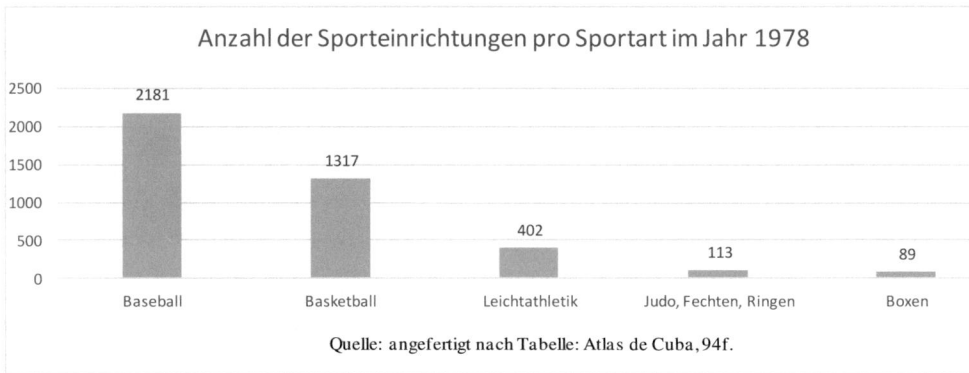

Quelle: angefertigt nach Tabelle: Atlas de Cuba, 94f.

Ballsportarten ausgegeben. Die heutige Paradedisziplin Kubas, das Boxen, wurde erst durch die intensive Förderung ab 1959 populärer und konnte sich langsam an das internationale Leistungsniveau anpassen. Von 1964 bis 1978 konnte die Anzahl der Boxeinrichtungen von 41 auf 89 mehr als verdoppelt werden. Im Vergleich zu den Ballsportarten sind 89 Einrichtungen zwar wenig, aber auf Grund dieser Förderung begann der Aufstieg zur „weltbesten Boxnation"[9], die seit 1960 dann auch regelmäßig mit Erfolgen bei den olympischen Spielen prämiert wurde.

---

[9] W.Krämer-Mandeau, Sport und Körpererziehung auf Cuba, S.247

In der Nationenwertung beim Boxen belegt Kuba nicht zuletzt durch die kontinuierliche Förderung mit 34 Goldmedaillen und 19 Silbermedaillen den 2. Platz hinter den USA.[10] Das INDER widmete der Leichtathletik die größte Bedeutung, da diese Sportart im Vergleich zu anderen günstig ist und sich die Gesundheit der Sportler schnell verbessern ließ.[11] Die Anzahl der Leichtathletikzentren wurde auf 402 erhöht, was eine Vervierfachung von 1964 bis 1978 bedeutete. Der Staat förderte aber nicht nur einzelne Sportarten, sondern erhöhte durch die Einführung der EIDE (Escuela de Iniciación Deportiva Educacional), die für die Sportförderung in den Schule zuständig war, und der kubanischen Sportsichtung im Allgemeinen auch die Chance, vielversprechende Jugendtalente zu entdecken und sie zu fördern.[14]

Krämer-Mandeau bewertet die Bedeutung der Sportschulen, die von der EIDE seitdem organisiert wurden, folgendermaßen:

> *„Obwohl es außer Frage steht, dass ohne die Sportschulen der heutige Stand insgesamt nicht hätte erreicht werden können, sollte man sie nicht überschätzen, da sie nur innerhalb einer breiten Förderung der Körpererziehung in den Kindergärten und Schulen, die die Vorbereitung von Talenten gewährleisten, funktionieren können."12*

Die daran anschließende, kostenintensive Förderung der Sportler findet erst in den Sportzentren des Landes statt. In die Vorbereitung der Olympischen Spiele 1988 wurden schätzungsweise 40 Millionen Peso investiert (ca. 30 Mio. €) und in die Panamerikanischen Spiele von 1991 kosteten Kuba umgerechnet ca. 75 Mio. €.[14] Für ein Land mit ca. 11 Mio. Einwohnern sind diese Investitionen sehr hoch. Zum Vergleich: In Deutschland förderte das Bundesinnenministerium 2011 den Sport mit 138 Mio. €[13]

Schlussfolgernd lässt festhalten, dass die Sportförderung des Staates in den Schulen als Grundlage für den heutigen Entwicklungsstand gesehen werden kann. Durch die hohen Ausgaben für die Vorbereitung der Olympischen baute sich seitens Staat eine gewisse „Erwartungshaltung" auf. Von den Sportlern verlangte man um jeden Preis viele Medaillen für Kuba zu sammeln. Sportler, die nicht gut genug für den internationalen Vergleich waren, mussten zu illegalen Dopingmethoden greifen.

---

[10] Daten aus: http://de.wikipedia.org/wiki/Liste_der_Olympiasieger_im_Boxen, 17.09.2013
[11] Vgl. W.Krämer-Mandeau, Sport und Körpererziehung auf Cuba, S.205 f.
[12] W.Krämer-Mandeau, Sport und Körpererziehung auf Cuba,S.247 oben
[13] Vgl. http://blogs.stern.de/der-investigativ-blog/sportforderung-in-zahlen/, 17.09.2013

3. Illegale Dopingmethoden als Erfolgsrezept?

In diesem Kapitel geht es darum, ob die sportliche Überlegenheit Kubas in Lateinamerika und die sich mehrenden Erfolge bei den Olympiaden auf die Verabreichung illegaler, leistungssteigernder Substanzen zurückzuführen ist, oder die bekannten Dopingmissbrauchsfälle Kubas eher als Ausnahme angesehen werden können.

Die Organisation MEDICC (Medical Education Cooperation with Cuba) veröffentlichte im Frühjahr 2009 den Artikel „Cuba in the World's Tough Battle for Drug-Free Sport" zum Thema Doping auf Kuba. MEDICC ist eine gemeinnützige Organisation, die im Jahre 1997 gegründet wurde, um die Zusammenarbeit zwischen den USA und Kuba zu verbessern. Die Organisation unterstützte die Bildung und Entwicklung des Gesundheitswesens Kubas (sinngemäß übersetzt).[14]

Fraglich ist jedoch, ob die angebliche „non-Profit" Organisation nicht vom Staat korrumpiert wurde und die Ergebnisse geschönt wurden. Es besteht natürlich der Verdacht, dass Kuba seine korrupten Strukturen der vorrevolutionären Zeit beibehalten hat, um seine gedopten Sportler zu schützen und von deren Erfolg profitiert. Es ist daher umso schwerer den nun folgenden Behauptungen der MEDICC Organisation Glauben zu schenken. Es gibt bisher jedoch noch keine Veröffentlichung, die mögliche Manipulationen aufdecken konnte.

Das kubanische, sportmedizinische Institut für Dopingkontrollen sei 2001 von Präsident Fidel Castro mit einem Budget von 2,7 Mio. US-Dollar eröffnet worden. Laut IOC-Präsident Jacques Rogge gilt das neue Anti-Doping Labor als "eines der modernsten auf dem Kontinent."
Die Liste der verbotenen Substanzen werde ständig ergänzt und seit 2001 habe das Labor rund 14.000 Proben getestet. Die Dopingkontrollen würden vom nationalen Anti-Doping-Team zusammen mit der medizinischen Kommission des kubanischen Olympischen Komitees durchgeführt. 70% aller Kontrollen der Athleten würden unangemeldet außerhalb der Wettbewerbe durchgeführt, um gegen Doping während des Trainings vorzugehen. Besonders häufig und streng würde man die international erfolgreichen Sportler kontrolliert. Bei allen Wettbewerben würden man automatisch die besten drei Sportler und einige Stichproben kontrollieren. 2007 seien von ca. 2.500

---

[14] Übersetzt aus: http://en.wikipedia.org/wiki/MEDICC

Proben jedoch lediglich 71 positiv aufgefallen (sinngemäß übersetzt).[15]

Diese Werte wirken gering, die Dunkelziffer beim Doping ist oft aber sehr hoch. In Deutschland gaben beispielsweise 29% der 2011 bei der WM gestarteten Leichtathleten zu, zuvor gedopt zu haben. Es waren jedoch nur knapp zwei Prozent der Dopingtests positiv.[16]

Außerdem werden Dopingproben nach Olympischen Spielen mindestens für acht Jahre aufbewahrt, sodass vorher unsichtbar verbotenen Substanzen aufgespürt werden können (sinngemäß übersetzt).[19]

Daher ist es sehr wahrscheinlich, dass weit mehr als die 2% der Proben illegale Substanzen beinhalten, da die nötigen Methoden um neue Substanzen aufzuspüren noch nicht bekannt sind.

Es ist schwer eine Aussage darüber zu treffen, ob der Staat zur Leistungssteigerung tatsächlich die Verbreitung von illegalen Dopingmitteln fördert, da das Olympische Komitee von Kuba seine Athleten versuch zu schützen, um möglichst lange von ihnen zu profitieren. Das Olympische Komitee von Kuba hat einerseits die Möglichkeit die „unangekündigten" Dopingtests vorher mit den Sportlern abzusprechen, oder es kann im Nachhinein die Tests so manipulieren, dass ein Dopingmissbrauch nicht nachweisbar ist. Die Möglichkeiten für eine solche „Vertuschung" sind auf Kuba gegeben, da das Anti-Doping Labor komplett von der Regierung finanziert wird und somit nicht unabhängig vom Staat handelt.

[15] http://www.medicc.org/mediccreview/index.php?issue=8&id=85&a=va, *MEDICC Review*, Spring 2009, Vol 11, No 2

[16] http://www.sueddeutsche.de/sport/studie-zur-leichtathletik-prozent-der-wm-starter-von-gestehen-doping-1.1753194, 19.09.2013

4. Genetische Veranlagung

Um Kubas heutigen sportlichen Erfolg erklären zu können, müssen mehr Faktoren als nur die gute Entwicklung des Landes und die möglicherweise breite Verabreichung illegaler Dopingmittel eine Rolle spielen. Der folgende Abschnitt befasst sich daher damit, welche genetischen Vor- und Nachteile ein kubanischer Sportler gegenüber Europäern hat.

Das Thema Genetik unterteilt sich im Folgenden in durch natürliche Selektion verursachte Veränderungen des Erbgutes und in die Beeinflussung bzw. künstlichen Selektion des Staates durch die intensive Förderung einzelner Sportarten.

4.1. Natürliche Selektion

Betrachtet man das Erbgut der karibischen bzw. kubanischen Sportler, entdeckt man ein Gen, dass für die Produktion des Proteins Actinen A zuständig ist. Dieses Protein bremst die Ansammlung von Milchsäure, die normalerweise schnell in ermüdeten und unterversorgten Muskeln entsteht. Durch die verlangsamte Ansammlung der Milchsäure in den Muskeln kann der Läufer der Erschöpfung länger wiederstehen.

Karibische Sportler können mit gleicher Sauerstoffmenge etwa zehn Prozent weiter laufen als Europäer weil sie mehr dieser leistungssteigernden Proteine besitzen. [17]

Da sich dieses Protein als Vorteil für die Bewohner der karibischen Inseln erwiesen hat, wurde dieses Gen von Generation zu Generation weitervererbt. Aufgrund der geographischen Begebenheit, dass Kuba eine Insel ist, wurde der Genpool der Bewohner von außen kaum negativ beeinflusst. Weil sportlicher Erfolg auf Kuba seit Beginn an eines der wichtigsten Möglichkeiten ist, um gesellschaftliche Akzeptanz zu bekommen, wird das beste Erbgut mit hoher Wahrscheinlichkeit weitervererbt.
Auf Kuba könnte man aufgrund dieser Tatsachen von einer natürlichen, gerichteten Selektion sprechen, da das Erbgut des sportlich Erfolgreichsten weitergegeben wird.

Auch die Anatomie spielt bei der Frage nach dem Erfolg eine wichtige Rolle. Der schwedische Physiologe Bengt Saltin untersuchte den der karibischen Sportler ähnelnden Körperbau von Kenianern und verglich diesen mit dem Körperbau eines

---

[17] http://www.sueddeutsche.de/sport/leichtathletik-schwarz-und-schnell-1.866788, 20.9.2013

dänischen Sportlers. Auffällig war, dass die Kenianer im Durchschnitt 400 Gramm weniger Fleisch an den Waden besaßen. Saltins Berechnungen zufolge ergäbe das eine Energieersparnis von rund 80% pro gelaufenem Kilometer.[18] Eine weitere Theorie besagt, dass Schwarze mehr schnell kontrahierende Fasern besitzen. Sie besitzen im Schnitt 67 Prozent schnelle FT- Fasern, währenddessen weiße Sprinter nur 60 Prozent der schnellen Fasern besitzen. Diesen Wert kann der Sportler nicht beeinflussen, da er genetisch bedingt ist.[19] Die letzte Theorie erklärt einerseits die Überlegenheit der karibischen Sportler bei Sprints und Langstreckenläufen und andererseits die in Punkt 2. angesprochen Probleme bei der Entwicklung der Sportart Schwimmen.

Ein Forscherteam der Universität von North Dakota (USA) verglich verschiedene Daten der Schwimmer und Sprinter über den Zeitraum von 100 Jahren und bemerkte, dass der Bauchnabel bei Schwarzen im Vergleich zu einem gleich großen Weißen um die drei Zentimeter höher ist. Deshalb sei der Körperschwerpunkt höher und würde sich beim Laufen durch die nach unten drängende Masse vorteilhaft für den Läufer bemerkbar machen.[22]

Doch wie so vieles auf der Welt ist der höhere Körperschwerpunkt „Segen und Fluch" zugleich. Betrachtet man die Sportart Schwimmen, so schade hier der höhere Bauchnabel, weil der Oberkörper weniger lang ist und somit weniger Wasser verdrängen würde, als der weißen Schwimmer. Der Geschwindigkeitsverlust im Wasser gegenüber weißen Sportlern beträgt laut Experten etwa fünf Prozent und ist daher eine Ursache, weshalb Kuba beim Schwimmen noch nicht auf internationalem Niveau gelandet ist.[22]

Die genetischen Vorteile, wie die Muskelfaserverteilung, die Länge des Oberkörpers und das Protein Actinen A sind kombiniert sehr wahrscheinlich mit dafür verantwortlich, dass Kuba seit Jahrzehnten bei internationalen Wettkämpfen immer wieder erfolgreich abschneidet.

---

[18] Vgl. http://www.sueddeutsche.de/sport/leichtathletik-schwarz-und-schnell-1.866788, 20.09.2013
[19] Vgl. http://www.netzathleten.de/Sportmagazin/Sports-Inside/Macht-der-Bauchnabel-die-Weltrekorde/584140364043718854/head, 20.09.2013

4.2. Künstliche Selektion und Trainingsgegebenheiten

Die Trainingsintensivität und der Trainingsumfang spielen ebenfalls eine wichtige Rolle bei der Steigerung der sportlichen Leistungsfähigkeit. Die Trainingsintensivität kann leicht durch den Staat verändert werden, sodass sich ein gewisser Druck bzw. Selektionsdruck aufgebaut wird. Man kann die kubanischen Trainingsgegebenheiten mit den erfolgreichen Trainingsmethoden der ehemaligen DDR vergleichen. Es wird mit allen Sportlern einer Sportart das ganze Jahr über jeden Tag fünf bis sechs Stunden zusammen trainiert. Zudem zahlt der Staat während des Trainings den vollen Lohn des Sportlers und verpflichtet ihn somit, erfolgreich zu sein. Wer nicht gut genug ist oder zu wenig trainiert, dem werden die Leistungen gekürzt.[20]

Der Staat Kuba hat ebenfalls die Möglichkeit durch Beeinflussung des Sportangebotes eine Art künstliche Selektion zu betreiben. Da wegen der geographischen Lage Wintersportarten aus dem Sportangebot schon rausfallen, lassen sich die Mittel noch stärker auf einzelne Sportarten konzentrieren.

Die sogenannte „Ghetto Theorie" soll eine weitere Erklärung für den internationalen Erfolg liefern. Demnach sehen Menschen aus armen Verhältnissen im Sport eine Chance gesellschaftlich und finanziell aufzusteigen. Der Gedanke an die Verbesserung würde in ihnen einen großen Trainingsehrgeiz entwickeln.[21]

---

[20]Vgl. http://www.nordkurier.de/cmlink/nordkurier/sport/lokalsport/der-alltagliche-kampf-der-kubanischen-judo-asse-1.395427, 20.09.2013

[21] Vgl. http://www.netzathleten.de/Sportmagazin/Sports-Inside/Macht-der-Bauchnabel-die-Weltrekorde/5841403640437188854/head, 20.09.2013

5. Fazit

Abschließend kann man sagen, dass der sportliche Erfolg Kubas nicht auf einen Grund zurückzuführen ist, sondern viele Teilaspekte beinhaltet. Kuba wurde nicht innerhalb weniger Jahre zu einer erfolgreichen Sportnation, sondern durchlebte nach der kubanischen Revolution einen Jahrzehnte andauernden Prozess.

Während dieses Prozesses verbesserte man die Förderung der Sportler enorm. Die neu ausgebildeten Sportlehrkräfte sorgten seitdem ständig für neue Talente, die sich durch den Staat unterstützt komplett auf den Sport konzentrieren konnten. Durch gezielte Förderung einzelner Sportarten und Sportler durch Organisationen wie der INDER, wurde der Erfolgsdruck auf die Sportler erhöht. Wer nicht durch normales Training international mithalten konnte, griff zu illegalen Dopingmethoden, die einen weiteren Teilaspekt des kubanischen Erfolges darstellen. Die bis heute nur selten aufgedeckten Dopingfälle kubanischer Sportler wurden seitens Kubanischem Olympia Komitee so dement abgestritten, dass man davon ausgehen kann, dass das Komitee seine Olympioniken schützen will. Da das einzige Anti-Doping Labor von staatlichen Mitteln finanziert wird, ist zudem nicht auszuschließen, dass staatliche Vertuschung von Doping eine der Erfolgsmethoden des kubanischen Sportes ist.

Der dritte Teilaspekt des kubanischen Erfolges ist die genetische Überlegenheit gegenüber den europäischen Kontrahenten. Die kubanischen Sportler besitzen die Fähigkeit länger gegen die Ermüdung anzulaufen, durch ihren Körperbau Energie einzusparen, mit gleicher Menge Sauerstoff weiter zu Laufen und besitzen mehr schnell kontrahierende Muskelfasern. Durch ihre Genetik haben kubanische Sportler daher im internationalen Vergleich einen minimalen Vorteil gegenüber Europäern. Diese minimalen Vorteile sind wichtig, weil im Sport oft hundertstel Sekunden über Erfolg und Niederlage entscheiden.

Alles in allem sind sowohl die Verbesserungen der Sportförderung, als auch die genetischen Vorteile der Kubaner dafür verantwortlich, dass sich der kubanische Sport international so gut entwickeln konnte. Man darf jedoch nicht vergessen, dass die Frage, ob Kuba seine Sportler zum Dopen anstiftet um sportlich erfolgreicher zu sein, nicht gänzlich geklärt ist. Zukünftig sollte die Welt-Antidoping-Agentur (WADA) in Ländern mit keinen vom Staat unabhängigen Anti-Doping Laboren die Möglichkeit haben, selbstständig unangekündigte Dopingkontrollen durchzuführen, damit solche Fragen künftig schneller geklärt werden können.

6. Literaturverzeichnis

(H rsg.)Dirmoser D., et al. 1995 Sport und Spiele, Lateinamerika. Analysen und Berichte. Bad Honnef : Horlemann Verlag, Bd. 19, 6.

Gerhardt, Franziska. 2012. Nordkurier.de. [Online] 25. Februar 2012. [Zitat vom: 20. September 2013.] http://www.nordkurier.de/cmlink/nordkurier/sport/lokalsport/der-alltagliche-kampf-der-kubanischen-judo-asse-1.395427.

Heibel, Marco. 2010. Netzathleten.de. [Online] 27. August 2010. [Zitat vom: 21. September 2013.] http://www.netzathleten.de/Sportmagazin/Sports-Inside/Macht-der-Bauchnabel-die-Weltrekorde/5841403640437188854/head.

Holden, Constance. 2008. Sueddeutsche.de. [Online] 10. Dezember 2008. [Zitat vom: 2013. September 20.] http://sz.de/1.866788.

Isassi Aranda, Alejanrdo. 1986. *[nationaler Direktor für Leistungssport in Kuba, INDER].* 3. März 1986.

Mandeau, W. Krämer. 1988. *Sport und Körpererziehung auf Cuba.* Köln : s.n., 1988.

Mario, Granda. 2009. *Cuba in the World's Tough Battle for Drug-Free Sport.* s.l. : MEDICC, Frühjahr 2009.

Stern.de [Online] [Zitat vom: 19. September 2013.] http://blogs.stern.de/der-investigativ-blog/sportforderung-in-zahlen/.

Sueddeutsche.de [Online] [Zitat vom: 19. September 2013.] http://sz.de/1.1753194.

Wikipedia [Online] [Zitat vom: 17. September 2013.] http://de.wikipedia.org/wiki/Sport_in_Kuba.

Wikipedia [Online] [Zitat vom: 17. September 2013.] http://de.wikipedia.org/wiki/Liste_der_Olympiasieger_im_Boxen.

Wikipedia [Online] [Zitat vom: 19. September 2013.] http://en.wikipedia.org/wiki/MEDICC.